BEI GRIN MACHT SICH IH
WISSEN BEZAHLT

I0012979

- Wir veröffentlichen Ihre Hausarbeit,
  Bachelor- und Masterarbeit

- Ihr eigenes eBook und Buch -
  weltweit in allen wichtigen Shops

- Verdienen Sie an jedem Verkauf

Jetzt bei www.GRIN.com hochladen
und kostenlos publizieren

GRIN

Steffen Schilb

Evaluation der GMX-Website

GRIN Verlag

Bibliografische Information der Deutschen Nationalbibliothek:

Die Deutsche Bibliothek verzeichnet diese Publikation in der Deutschen National-
bibliografie; detaillierte bibliografische Daten sind im Internet über http://dnb.d-
nb.de/ abrufbar.

Impressum:

Copyright © 2004 GRIN Verlag GmbH
Druck und Bindung: Books on Demand GmbH, Norderstedt Germany
ISBN: 978-3-656-89886-3

Dieses Buch bei GRIN:

http://www.grin.com/de/e-book/30725/evaluation-der-gmx-website

GRIN - Your knowledge has value

Der GRIN Verlag publiziert seit 1998 wissenschaftliche Arbeiten von Studenten, Hochschullehrern und anderen Akademikern als eBook und gedrucktes Buch. Die Verlagswebsite www.grin.com ist die ideale Plattform zur Veröffentlichung von Hausarbeiten, Abschlussarbeiten, wissenschaftlichen Aufsätzen, Dissertationen und Fachbüchern.

Evaluationsbericht GMX

Common Industry Format for Usability Test Report v1.1

Steffen Schilb
Student M.Sc. Digital Media (1.Semester)

Medienergonomie in der Praxis

25. März 2004

Zusammenfassung

GMX ist einer der größten e-Mail Anbieter im deutschsprachigen Raum. Er startete 1998 als reiner e-Mail Provider, bietet aber seit dem Relaunch 2001 auch Portalfunktionalitäten an. Der Evaluationsbericht beschreibt die Test-Erfahrungen von drei zielgruppengerechten Personen im Umgang mit gängigen GMX Funktionalitäten wie Registrierung, e-Mail lesen und schreiben. Der Schwerpunkt des Tests lag auf der Aufgabenangemessenheit, der Selbstbeschreibungsfähigkeit und der Erwartungskonformität der Webseite. Alle drei Testpersonen sind im Allgemeinen mit den Diensten zufrieden und würden auch nicht an der Bedienung scheitern. Die Kritiken und Probleme richten sich hauptsächlich gegen den langen Anmeldeprozess, die teilweise unübersichtliche Darstellung, den großen Anteil von Werbung und die teilweise nicht prominente Platzierung von wichtigen Inhalten. An diesen Stellen sollte zuerst angesetzt werden, um die Usability von GMX gezielt zu verbessern.

2

Inhaltsverzeichnis

1 Einführung

1.1 Common Industry Format

Das Common Industry Format (CIF) stellt laut [AP03] eine Standardmethode dar, wie die Ergebnisse eines Usability Tests in schriftlicher Form dargestellt werden können. Das National Institute of Standards and Technology (NIST) hat 1997 mit der Entwicklung des CIF begonnen, um Usability Professionals eine Möglichkeit zu geben, die Resultate der Tests in vereinheitlicher Form zusammenzufassen (Vgl. [SH03]). Das Format wurde kontinuierlich weiterentwickelt und ist laut [Mor02] seit 2001 ANSI Standard (ANSI-NCITS 354-2001). Es basiert auf der Usability Defintion von ISO 9241-11 (Vgl. [TJ03]) und eignet sich besonders dann, wenn der Testverlauf sowohl die ISO Norm 13407 als auch die ISO Norm 9241-11 berücksichtigt (Vgl. [AP03]). Das CIF wird laut [AP03] hauptsächlich für formale und summative Usability Tests eingesetzt, bei denen quantitative Faktoren gemessen werden.

Dieser Bericht orientiert sich in seiner Struktur am CIF v1.1 von 1999[1]. Da bei dem Usability Test von GMX der Schwerpunkt auf der qualitativen Analyse lag, ergeben sich besonders in der Darstellung der Ergebnisse Abweichungen zur Vorlage.

1.2 Über GMX

GMX wurde 1998 als reiner e-Mail Provider gegründet und zählt heute mit 80 Mitarbeitern, mehr als 17 Millionen Accounts und 280.000 zahlenden Kunden zu den größten Anbietern Deutschlands (Vgl. [Gmb04]). Seitdem Relaunch 2001 als Internetportal mit weiterführenen Angeboten wie Reisen oder dem Automarkt steht GMX auch in Konkurrenz zu Anbietern wie YAHOO.

GMX gliedert sich laut [Gmb04] in die zwei Firmen GMX GmbH und GMX Internet Services GmbH auf. Gesellschafter ist die 1&1 Internet GmbH. *"Die GMX GmbH bietet ihren Mitgliedern einen kostenlosen E-Mail-Dienst, dessen Finanzierung durch Werbeeinnahmen und Transaktionserlöse aus Kooperationen mit E-Commerce-Partnern erfolgt. Die GMX Internet Services GmbH konzentriert sich auf die Weiterentwicklung kostenpflichtiger technischer Mehrwertdienste im Bereich E-Mail- und Messaging sowie Internet Access"* (Vgl. [Gmb04]).

1.3 Testziele

Getestet wurden vor allem die Standardfunktionalitäten wie 'Ein neues Konto einrichten', 'Eine e-Mail verschicken', 'Einen Anhang verschicken'. Die-

---

[1]CIF V 1.1 ist die aktuellste kostenlose Version. Sie kann heruntergeladen werden unter http://zing.ncsl.nist.gov/iusr/documents/cifv1.1b.htm

se wurden vor allem hinsichtlich ihrer Aufgabenangemessenheit, Selbstbeschreibungsfähigkeit und Erwartungskonformität getestet. Die Teilnehmer hatten dabei die Aufgabe, ihre subjektiven Eindrücke hinsichtlich bestimmter Faktoren zu schildern. Das Ergebnis der Analyse zeigt die Schwachpunkte auf und liefert erste Ansätze für die Behebungen spezifischer Probleme.

2 Methode

2.1 Teilnehmer

Die Zielgruppe von GMX deckt eine breites Spektrum ab. Sowohl Internet-Unerfahrene, die das WWW nur zum e-Mailen verwenden als auch Experten nutzen die Webseite. Für den Test wurden drei eher unerfahrene Personen rekrutiert, um möglichst viele Usablity Probleme zu identifizieren. Insgesamt wurden drei Personen getestet. Jakob Nielsen schreibt dazu in [Nie00], dass drei Testpersonen ausreichen, um 70% der Usability Probleme zu erkennen. Zwei dieser Teilnehmer waren schon zuvor GMX Kunden, während der dritte einen HOTMAIL Account besitzt und noch nie zuvor auf der GMX Webseite war.

Folgende Tabelle gibt eine Übersicht über die Teilnehmer:

	Geschlecht	Alter	Beruf	Internet Erf.	VDI/Woche h
P1	w	20-25	in Ausb.	mittel	0-5
P2	m	20-25	Student/in	gut	0-5
P3	w	20-25	Student/in	mittel	0-5

(Internet Erf.: Internet Erfahrung, VDI: Verweildauer Internet)

2.2 Nutzungskontext

2.2.1 Aufgaben

GMX ist eine sehr komplexe Webseite, die Informationen zu vielen verschiedenen Inhalten bereitstellt, wobei manche Elemente jedoch häufiger angesteuert werden als andere. Dies gilt vor allem für die e-Mail Funktionalitäten. Der Großteil der Nutzer registriert sich bei GMX, weil er diese Funktionen in Anspruch nehmen möchte. Aufgrund dieser Tatsache und der eingeschränkten Testzeit wurde sich darauf beschränkt, die Hauptaufgaben, die ein e-Mail Anbieter leisten soll zu testen. Da ferner eine erfolgreiche Nutzung aber schon oft an einer komplizierten Registrierung scheitern kann, wurde dieser Vorgang ebenfalls evaluiert. Dies führt zu folgenden getesteten Tasks:

1. Ein Konto bei GMX anlegen

2. Auf GMX einloggen

3. Neue e-Mails lesen

4. Eine e-Mail schreiben und verschicken

7

2.2.2 Testumgebung

Getestet wurde in Köln und in Marburg bei den Testpersonen zuhause, um eine authentische Umgebung zu gewährleiten (Vgl. [Rub94], [JP02]). Anwesend waren die Testperson, die sich vor dem Computer befand und der Testleiter, der daneben saß.

2.2.3 Computerumgebung

P1 und P3 benutzten eine Laptop mit Windows Betriebsystem bei einer Auflösung von 800x600. P2 war mit einem Windows PC ausgestattet bei einer Auflösung von 1024x768. Alle drei nutzten zum Surfen den Internet Explorer.

2.3 Durchführung

2.3.1 Vorgehen

Bevor mit dem Test begonnen wurde, wurden die Testpersonen darüber informiert, dass sie an einem Usability Test der Webseite www.gmx.de teilnehmen. Ihnen wurde ferner folgendes vermittelt: Die Seite soll auf ihre Nutzbarkeit hin getestet werden. Dabei werden keine technischen bzw. Wissensfragen gestellt, es geht rein um ihre subjektiven Einschätzungen von bestimmten Elementen. Dazu werden bestimmte Aufgaben vorgegeben, die von den Teilnehmern angegangen werden sollen. Zu den einzelnen Schritten bzw. Screens die nötig sind, um diese Aufgaben durchzuführen werden ihnen Fragen gestellt. Ihnen wird vermittelt, dass sie keine Angst haben sollen, wenn etwas nicht funktioniert bzw. die Schuld nicht bei ihnen suchen sollen. Die Fehler liegen in einem solchen Fall beim Programm. Getestet werden soll die Webseite und nicht die Teilnehmer. Ferner wurden die Testpersonen dazu angehalten, ihre Gedanken und Überlegungen laut zu äußern (Vgl. [Nie93]: "Thinking aloud"). Diese Methode hilft dabei, das mentale Modell (Vgl. [Wod02], [Nor88]), dass der Nutzer von der Seite entwickelt besser zu verstehen. Außerdem wurden die Nutzer aufgefordert, die jeweilige Seite nicht zu verlassen bis der Testleiter damit einverstanden ist. Nach dieser Einführung startet der Testleiter die Screencam und den Internet Explorer und führt den Test anhand eines Interviews durch. Am Ende des Tests hatten die Nutzer die Aufgabe, einen kurzen Fragebogen auszufüllen. Danach unterschrieben sie eine Einverständnisverklärung, dass ihre Angaben gespeichert und weiterverarbeitet werden. Anschließend wurde ihr Account wieder gelöscht und sich für die Mithilfe bedankt. Die Testdauer betrug in allen Fällen ca. 1,5 Stunden.

2.3.2 Interview

Der Usability Test wurde anhand einen unstrukturierten Interviews durchgeführt (Vgl. [JP02], siehe 5.1). Da der Großteil der Tasks wie beispielsweise die Registrierung einen sequentiellen Vorgang beschreibt wurden die Screens schrittweise durchlaufen. Zu jedem einzelnen Bildschirm wurden Fragen gestellt, die auf den aufgeführten Usability Metriken basieren oder auf dem Fragenkatalog aus [Red02] fussen. Die Nutzer hatten die Möglichkeit ihre subjektive Meinung hinsichtlich der Fragestellungen zu äußern, wurde jedoch auch aufgefordert, Gedanken zu äußern die nicht unbedingt mit der spezifischen Frage zusammenhängen. Je nach Testperson und Testverlauf wurden Fragen ergänzt oder weggelassen.

2.3.3 Fragebogen

Der Fragebogen am Ende des Tests stellt eine Rating Scale dar (siehe 5.2). Hier hatten die Nutzer die Möglichkeit, ihre subjektiven Eindrücke bezüglich bestimmter Statements hinsichtlich der eben gemachten Erfahrungen zu äußern. Bei dem Aufbau und der Gestaltung wurde sich an den den zwei Verfahren ISOMetrics und SUMI zur Evaluation von Software orientiert (Vgl. [SH03], [Red02]).

2.3.4 Aufzeichnung des Nutzerverhaltens

Die Reaktionen des Nutzers wurden digital erfasst. Aufgenommen wurden der Cursorbewegungen mit Hilfe der Screencam Camtasia[2]. Der Ton wurde mit einem handelsüblichen Mikrofon aufgenommen. Dieses Verfahren bietet sich laut [SH03] aufgrund der günstigen Kosten und der Effektivität der Methode an.

2.4 Usability Metriken

Der Gestaltung der Fragen und der Rating Scale basiert auf der DIN EN ISO 9241 Norm Teil 10. Dieser Teil beschreibt die "Ergonomischen Anforderungen für Bürotätigkeiten mit Bildschirmarbeitsplatzgeräten" anhand der folgenden sieben Kriterien: Aufgabenangenmessenheit, Selbstbeschreibungsfähigkeit, Steuerbarkeit, Erwartungskonformität, Fehlertoleranz, Lernförderlichkeit und Individualisierbarkeit. Der Schwerpunkt dieses Tests liegt auf folgenden Metriken (Vgl. [SH03]):

---

[2]Eine 30 Tage Trial Version kann heruntergeladen werden unter http://www.camtasia.com

2.4.1 Aufgabenangemessenheit

"Ein Dialog ist aufgabenangemessen, wenn er den Benutzer unterstützt, sei-ne Arbeitsaufgabe effizient und effektiv zu erledigen". Dem Nutzer müssen alle benötigten Funktionen zuf Verfügung stehen. Das System soll den Nutzer so weit wie möglich entlasten.

2.4.2 Selbstbeschreibungsfähigkeit

"Ein Dialog ist selbstbeschreibungsfähig, wenn jeder einzelne Dialogschritt durch Rückmeldung des Dialogsystems unmittelbar verständlich ist oder dem Benutzer auf Anfrage erklärt wird." Es soll eine einheitliche benutzeran-gemessene Terminologie existieren, die sich aus verständlichen Begriffen, Abkürzungen und Symbolen zusammensetzt.

2.4.3 Erwartungskonformität

"Ein Dialog ist erwartungskonform, wenn er konsistent ist und den Merkma-len des Benutzers entspricht, z.B. den Kenntnissen aus dem Arbeitsgebiet, der Ausbildung und der Erfahrung des Benutzers sowie den allgemein aner-kannten Konventionen."

3 Ergebnisse

3.1 Vorgehensweise

Zur Analyse wurden die Aufzeichnungen gesichtet und daraus ein Transkript erstellt.

3.2 Darstellung der Ergebnisse

Die Darstellung der Ergebnisse ist in globale und spezifische Findings aufgeteilt. Unter den globalen Findings sind die Ergebnisse beschrieben, die die Webseite als Ganzes betreffen bzw. für komplette Teilbereiche wie beispielsweise den Anmeldeprozess gültig sind. Die spezifischen Findings hingegen fassen die Resultate der gestellten Aufgaben zusammen. Dabei werden die einzelnen Screenshots, die zum Erreichen des Aufgabenziels führen sequentiell dargestellt.

Bei dem Großteil der einzelnen Findings wird sich in der Ausführung der Ergebnisse auf den jeweiligen Screenshot bezogen, in dem jedes Finding durch eine Zahl und Umrandung gekennzeichnet ist. Im anschliessenden Text wird durch die jeweilige Ziffer in Klammer darauf referenziert.

Da nicht jedes von dem Teilnehmern entdeckte bzw. beschriebene Usability Problem die gleiche Wichtigkeit besitzt, macht es Sinn eine Einteilung in drei Kategorien vorzunehmen (Vgl. [SH03]), die sich wie folgt darstellt:

- Schwere 1: geringes Problem (sollte langfristig behoben werden)

- Schwere 2: mittleres Problem (sollte mittelfristig behoben werden)

- Schwere 3: grosses Problem (sollte so schnell wie möglich behoben werden)

Die Schwere wird nach der Beschreibung des jeweiligen Findings in eckigen Klammeren dargestellt.

3.3 Erwartungshaltung vor dem Test

Vor Beginn des Tests hatten die Teilnehmer die Möglichkeit, ihre Erwartungshaltung zu beschreiben. Alle hofften darauf, mit GMX einen eMail-Anbieter vorzufinden, der ihnen die grundlegenden Funktionalitäten wie e-Mail schreiben oder einen Anhang beifügen auf einfache Weise zugänglich macht. Als weitere gewünschte Funktionen wurde Kontaktlisten, Spamvermeidung und Gruppeneinteilungen aufgezählt.

3.4 Globale Findings

3.4.1 Informationsarchitektur/Organisation

1. GMX als Portal

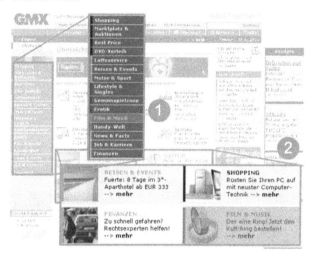

Abbildung 1: GMX als Portal

Seit dem Relaunch 2001 als Portal bietet GMX auf der Startseite bzw. auf der Übersichtsseite nach dem Einloggen die Möglichkeit an, über die Navigationsleiste (1) zu weiteren von GMX gepflegten Inhalten zu gelangen[3]. Der Portalcharakter von GMX wurde nicht in allen Fällen richtig gedeutet: *"Wenn man links auf etwas klickt, kommt man wohl auf eine Übersichtsseite zu dem Thema. Von da aus kommt man zu anderen Seite von anderen Anbietern."* [Schwere: 2]
Die Teaser in der Mitte (2) bieten Direkteinstiegsmöglichkeiten zu Unterthemen aus der linken Navigationsleiste (1). Ein Beispiel ist in der Abbildung orange unterlegt. Der Zusammenhang zwischen (1) und (2) wird von keinem der Teilnehmer erkannt. Die Teaser werden eher mit Werbung externer Anbieter in Verbindung gebracht und auch nicht genutzt. [Schwere: 3]

---

[3]Die dargestellten Screenshots sind nicht aus aus den Aufnahmen der Teilnehmer entnommen, sondern wurde der besseren Übersichtlichkeit und Auflösung halber noch einmal neu gecaptured.

12

2. Die Platzierung der Informationen

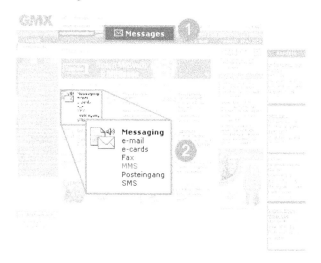

Abbildung 2: Die Platzierung der Informationen

Der Fragebogen am Ende des Tests brachte folgendes Ergebnis:

		1	2	3	4	5	6	7	
Die Informationen auf den Seiten sind übersichtlich organisiert	Stimme zu	X,X			X				Stimme nicht zu

Dieses Resultat zeigt, dass die Testpersonen mit der Organisation der Informationen unzufrieden sind, was sich besonders auf der Startseite und der Übersichtsseite nach dem Einloggen zeigt. Ihnen steht das Wesentliche, nämlich beispielsweise die Inhalte, die mit e-Mailen verbunden werden oft zu sehr im Hintergrund. Die Abbildung verdeutlicht dies: Auf der Übersichtsseite haben nur (1) und (2) einen direkten Bezug zu diesem wichtigen Bereich und nehmen bezogen auf die gesamte Seite nur wenig Platz ein. Die Teilnehmer bemängeln dies: "Dieser ganze unnötige Kram nervt [...], das eigtl. Zentrum, also e-Mails empfangen und schreiben steht total im Hintergrund. Die wichtigsten

13

Sachen könnten auch größer sein: Messaging, Posteingang, e-Mails schreiben." *"Von mir aus könnte GMX alles weglassen außer Posteingang."* *"Lieber ein paar Sachen weniger und andere größer."* Besonders kritisiert wird in diesem Zusammenhang die Werbung bzw. die Elemente, die von den Testpersonen als solche identifiziert wird. Ein Teilnehmer merkt ferner an, dass die Ordnung auf der Seite fehlt, *"es sieht alles irgendwie gleich aus."*. Außerdem wird bemängelt, dass alles sehr klein geschrieben ist und zu eng beeinander liegt. [Schwere: 2]

3. Der Anmeldeprozess
   Die Anmeldung wird von allen Teilnehmern als lang bzw. zu lang empfunden. Im Idealfall benötigt der Nutzer neun Schritte, um sich erfolgreich zu registrieren. Die Testteilnehmer brauchten allerdings zwischen zwölf und vierzehn Schritte bei einer Dauer von ca. dreißig Minuten. Ein Hauptkritikpunkt der Testpersonen war, dass zu viele persönliche Angaben gemacht werden sollten (*"Man hätte alles eigtl. auf zwei Seiten kürzen können. Eine Seite mit sonstigen Fragen hätte gereicht. Die hätte ich dann vielleicht auch ausgefüllt."*) und manche in ihren Augen unsinnigen Angaben, wie beispielsweise die Angabe einer e-Mail Adresse (*"Ich melde mich doch erst an. Ich hab noch keine"*). Ferner störte die Teilnehmer die viele (Eigen-)Werbung, mit der GMX die Nutzer ins kostenpflichtige Segment lockt, indem sie sie auf den ersten Blick darüber im Umklaren lässt, ob die Angebote kostenpflichtig oder kostenlos sind: *"Mich stört, dass man sich öfters zwischen den Tarifen entscheiden muss, obwohl ich mich zu Beginn schon entschieden habe"*. [Schwere: 3]
   Von zwei Teilnehmer wird lobenswert erwähnt, dass GMX ihnen verschiedene Adressvorschläge macht, aus denen sie eine auswählen können (*"Bevor man zehn Mal etwas eingibt und es nicht geht"*), obwohl diese Funktionalität in der tatsächlichen Nutzung zu Schwierigkeiten führt (Näheres: siehe Spezifische Findings).

14

3.4.2 Grafische Umsetzung

Der Fragebogen am Ende des Tests brachte folgendes Ergebnis:

		1	2	3	4	5	6	7	
Das grafische Design der Seite ist ansprechend	Stimme zu		X,X	X					Stimme nicht zu

Das visuelle Erscheinungsbild wird von den Testpersonen ebenfalls kritisch betrachtet. Während die Farben (*"hellblau, dunkelblau. Hab ich nichts dagegen."* *"Das Blau mit den Abstufungen ist eigtl. ganz schön."* *"Farbgebung ist okay. Man könnte aber was machen. Sollte auf keinen Fall zu bunt sein."*) und das Logo mehrheitlich akzeptiert wurden, liegen die Hauptkritikpunte hier in der Struktur. Ein Teilnehmer merkt an: *"Es wird sehr viel mit Rechtecken gearbeitet, die das ganze übersichtlich wirken lassen sollen. Trotzdem sieht es aus wie zusammengepuzzelt, da es einfach zu viele Rechtecke sind, die nicht zueinander passen. Manche Linien wirken wie verrutscht."* Ferner wird bemängelt, dass manche Informationen zu klein dargestellt werden und alles zu eng aufeinander sitzt: *"Besser ein paar Sachen weglassen und andere größer machen"*. [Schwere: 2]

3.4.3 Orientierung

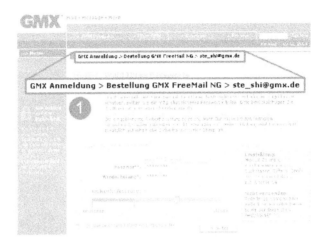

Abbildung 3: Orientierung

Während der Anmeldung gab es für die Teilnehmer keine Möglichkeit zu erfahren, in welchem Schritt sie sich gerade befinden und wie lange es noch dauert, bis die Registrierung abgeschlossen ist. Dies führte bei den Teilnehmern teilweise zu Frustrationen, da manche schon im dritten Schritt der Meinung waren, dass sie sich bald erfolgreich angemeldet haben. Es exisitert zwar ein Pfad (1) der aber nur von einem Teilnehmer erkannt wurde und der sich zudem nicht zur Navigation nutzen lässt. Außerdem gibt er auch keine Auskunft über den aktuellen Prozessschritt. [Schwere: 2]

3.4.4 Navigation

Der Fragebogen am Ende des Tests brachte folgendes Ergebnis:

		1	2	3	4	5	6	7	
Die Seite ist leicht zu bedienen	Stimme zu		X	X		X			Stimme nicht zu
Es fiel mit leicht durch die Seite zu navigieren	Stimme zu			X			X,X		Stimme nicht zu

1. Die Übersichtsseite

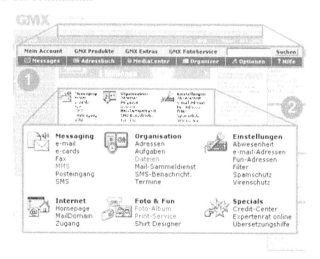

Abbildung 4: Die Übersichtsseite

Die Navigation wird von den Testpersonen im Schnitt als zufriedenstellend eingestuft. Probleme gibt es beispielsweise auf der Übersichtsseite, die hier exemplarisch aufgeführt wird. Zwei Teilnehmer würden (1) zur e-mail Navigation nutzen ('Messages'), der dritte bevorzugt (2): *"Die Navigation ist für mich eindeutig in der Mitte. Ist ja zentral."* Auf Nachfrage ist ihnen der Unterschied zwischen beiden Menüs nicht ganz klar: *"Sieht irgendwie doppelt aus. Keine Ahnung, wo die Unterschiede liegen."* Ein Teilnehmer der (1) nutzen würde vermutet, dass die Navigation in der Mitte auch genutzt werden kann. Er findet sie zwar gut, sie ist ihm bisher jedoch noch nie aufgefallen, da (1) sehr weiter davon entfernt liegt und die zum Mailen notwendigen Elemente unter (2) in seinem Augen zu klein sind und deswegen übersehen werden. Auf den Vergleich angesprochen meint er: *"Ich finde es komisch, dass die Namen wechseln. Manche findet man wieder, manche nicht. Unten heisst es 'Special', oben 'Extras'".* Aber vielleicht ist es gar nicht dasselbe."* Der dritte Teilnehmer hat ähnliche Probleme: *"'Messages' ist vielleicht das selbe wie 'Messaging', 'Organisation' wie 'Organizer'".* Ferner merkt eine Testperson an, dass sie 'Mein Account' unter (1) für eine Überschrift gehalten hat und nicht dachte, dass dies klickbar wäre. [Schwere: 2]

2. Der Browser-Back Button
   Während des Anmeldeprozesses ist der Browser-Back Button nicht nutzbar. Wird er betätigt, wird der Nutzer auf eine Seite weitergeleitet auf der folgendes erscheint: *"Achtung. Diese Seite ist ungültig".* Von dieser Seite aus kommt er nicht mehr zurück zum letzten Schritt, sondern bleibt auf dieser Seite. Betätigt er also einmal den Browser-Back Button während der Anmeldung, um beispielswese bestimmte Angaben zu ändern, muss er noch einmal ganz von vorne beginnen (falls er dies versteht). Dies ist besonders frustrierend, wenn sich der Nutzer kurz vor dem Ende der Registrierung befindet. Außerdem steht alternativ keine Navigation auf der Seite zur Verfügung, die es ermöglicht auf die vorangegangene Seite zu gelangen. Doch selbst wenn diese Möglichkeit bereitstehen würde, würde alle Teilnehmer den Browser-Button dafür nutzen.[Schwere: 3]

3.4.5 Wording

Der Fragebogen am Ende des Tests brachte folgendes Ergebnis:

		1	2	3	4	5	6	7	
Die benutzte Sprache war sehr verständlich für mich	Stimme zu		X			X.X			Stimme nicht zu
Die verwendete Begriffe waren mir vertraut	Stimme zu	X	X			X			Stimme nicht zu

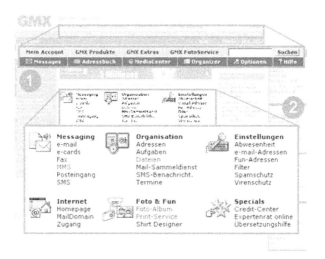

Abbildung 5: Das Wording anhand der Übersichtsseite

In dieser Kategorie liegen die Gesamtergebnisse im Mittelfeld. Während Begriffe wie 'Messages' und 'Adressbuch' (1) verstanden werden, gibt es bei anderen Begriffen Problemen. 'MediaCenter' wird beispielsweise nicht verstanden. Ein Teilnehmer vermutet Werbung dahinter, ein andere etwas in Zusammenhang im SMS. 'Organizer' wird von einer Testperson richtigerweise als 'Kalender' interpretiert, während eine andere einen Ordner dahinter

19

vermutet. Was sich hinter 'Foto&Fun' und 'Extras' verbirgt wird ebenfalls
nicht verstanden. [Schwere: 1]

3.5 Spezifische Findings

3.5.1 Task 1: Ein Konto bei GMX anlegen

1. *Screen 1: Startseite*

Abbildung 6: Startseite

Die Möglichkeit zur Anmeldung wird von allen Testpersonen auf An-
hieb wahrgenommen (1). Zwei Teilnehmer klicken auf 'Anmelden' klicken, einer auf 'GMX Mitglied werden'. Eine Person nimmt 'GMX
Mitglied werden' im ersten Moment als Überschrift wahr. Nachdem
sie den Cursor über das Bild bewegt hat wird ihr jedoch klar, dass es
sich auch um einen Link handelt. Ein anderer Teilnehmer ist sich nicht
ganz sicher, ob sich hinter 'GMX Mitglied werden' auch wirklich das
Einrichten einer e-Mail Adresse verbirgt: *"Kann sein, dass das etwas
anderes ist als e- Mail Adresse anlegen und dass es dafür eine weitere Möglichkeit gibt. Aber ich würde das erstmal ausprobieren. Wenn
es falsch ist, könnte ich immer noch zurückgehen. GMX Produkte hab
ich mir auch kurz überlegt*(Anm.: GMX Produkte befindet sich in der
horizontalen oberen Hauptnavigation)*"*. [Schwere: 1]

2. *Screen 2: Schritt 1: Art des Kontos (Free-Mail, Pro-Mail,...)*

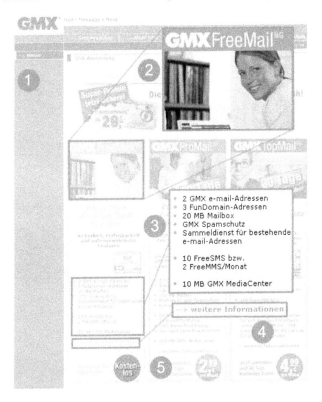

Allen drei Teilnehmern ist grundsätzlich klar, dass sie auf dieser Seite zwischen unterschiedlichen Mitgliedschaften auswählen können (1), wobei ein Teilnehmer anmerkt, dass *"es aussieht wie Werbung"*. Für die Testpersonen ist gleich ersichtlich, dass das erste Angebot in Frage kommt: *"...weil es als erstes steht und FreeMail heisst. Bei den anderen steht nicht Free, also kosten die wohl was."*. Ein Teilnehmer möchte ohne zu lesen und nach unten zu scrollen gleich auf das Bild klicken (2): *"Hab geschaut was für mich interessant ist und bin dann gleich auf das erste gestossen. Mehr hab ich erstmal nicht wahrgenommen. Steht ja gross FreeMail. Springt gleich ins Auge"*. Ein anderer scrollt nach unten und wählt 'Kostenlos' (5), sonst "wäre das unnötig wenn das dasteht", während der dritte auch ans Ende der Seite scrollt und vermutet, dass es mit 'Weitere Informationen' zum nächsten Schritt geht.

Die Informationen (3) werden nicht gelesen bzw. nur kurz über überflogen. Die Teilnehmer haben dabei Schwierigkeiten, die Begriffe 'GMX Mediacenter', 'FunDomainBox' und '20MB Mailbox' zu deuten. [Schwere: 1]

Während die Testperson, die mit 'Kostenlos' fortfahren möchte, schon ahnt, dass man wohl auch über 'Weitere Informationen' zum nächsten Schritt kommt, dies aber länger dauern wird, wundern sich die beiden anderen Testpersonen, die (2) und (4) angeklickt haben, dass sie auf eine Übersichtsseite kommen, die ihnen noch einmal die selben Informationen wie (3) zum gewählten FreeMail Tarif auflistet: *"Dachte, da kommen jetzt Felder zum ausfüllen." "Das gleiche war schonmal. Hätte erwartet, dass was kommt, wo man sich anmelden und was eintippen muss.".* [Schwere: 1]

3. *Screen 3: Schritt 2: Persönliche Daten (Namen, Adresse,...)*

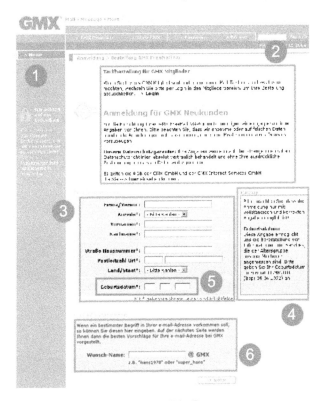

Abbildung 7: Persönliche Daten

Diese Seite (1) wurden von den Testpersonen erwartet: *"Das sieht doch so aus, wie das was ich will"* und allen war klar was an der Stelle zu tun ist: *"Formular ausfüllen und dann irgendwann auf weiter klicken"*. Die Informationen (2) werden von einer Testperson überhaupt nicht gelesen (*"Ich gehe gleich zu den Feldern"*), von einer anderen nur kurz überflogen und von der dritten durchgelesen (*"Ich lese das durch, weil das näher an dem ist, was ich machen will. Sachen, die mich nicht interessieren wie im letzten Schritt die kostenpflichtigen Angebote schaue*

ich mir nicht an, da sie für mich nicht in Frage kommen"). Der Kurz-
tipp (4), der GMX Neulingen Hilfestellungen bieten soll wird nicht
beachtet (*"Da schau ich nur drauf, wenn ich denke, dass ich so was
brauche. Das sind wieder unnötige Informationen auf solchen Seiten.
Ich konzentriere mich nur auf die Sachen, bei denen ich denke, dass
sie wichtig sind"*), was bei einer Person zu einer Falschinterpretation
führt: *"Die Adressdaten werden die ja eh nicht überprüfen."*. Im Hilfetext daneben steht: "Bitte beachten Sie, dass die Anmeldung nur mit
vollständigen und korrekten Angaben möglich ist!". [Schwere: 1]
Alle Teilnehmer geben ohne zu zögern ihr Geburtsdatum ein (5). Auf
Nachfrage merkt eine Person jedoch an, dass es sie stört solche Angaben zu machen: *"Was wollen die denn mit meinem Geburtstag? Ich
geben ungern so Sachen ein. Ich würde auch eine falsche Adresse eingeben. Wer weiss was die damit wollen"*. Die zwei anderen Teilnehmer
stört es nicht unbedingt, diese Angabe zu machen (*"Sehe nicht wirklich einen Sinn drin, würde ich aber schon machen"*), die Eingabe der
Adresse wird von ihnen eher als störend empfunden. [Schwere: 1]
Alle Teilnehmer fahren damit fort, unter (6) ihre Wunschadresse bei
GMX einzugeben und klicken anschliessend auf weiter. Eine Teilnehmerin stellt folgende Vermutung an: *"Ich muss mir gleich noch ein
Kennwort ausdenken und eine eMail-Adresse heraussuchen. Dann bin
ich angemeldet"*.

4. *Screen 4: Schritt 3: Auswahl einer vorgeschlagenen eMail-Adresse*

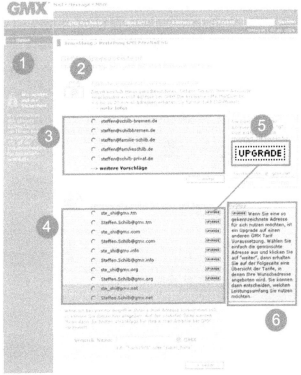

einer vorgeschlagenen eMail-Adresse

In diesem Schritt sollen sich die Teilnehmer basierend auf ihrer Wunschadresse - sofern diese noch nicht vergeben ist - und weiteren von GMX unterbreiteten Vorschlägen eine eMail-Adresse aussuchen und fortfahren. In diesem Schritt kommt es zu ersten größeren Mißverständnissen. Während ein Teilnehmer erwartet hat, dass dieser Screen erscheint (1), da er ihn noch aus seiner ersten Anmeldung bei GMX in Erinnerung hat, sind die beiden anderen Teilnehmer anderer Meinung. Eine Testperson dachte *"jetzt kommt: Tippen sie ihre eMail-Adresse ein und schauen sie, ob es die schon gibt"*. Das verwundert, denn die Wunsch-

adresse wurde schon im letzen Schritt eingegeben und die Person, die
dies äußert, gab in dem Schritt auch vor, die Aufgabe des Adressas-
sistenten, der dies ermöglichte zu verstehen. Der dritte Teilnehmer ist
zuerst der Meinung, dass sein Vorschlag im Schritt zuvor nicht akzeptiert wurde, da GMX ihm weitere Angebote macht (3)(4), bis er
darunter seinen Vorschlag wiederfindet und sich wundert: *"Erst fragen
sie nach einem Vorschlag, dann bieten sie einem ganz andere Sachen
an"*. [Schwere: 1]
GMX bietet dem Nutzer die Möglichkeit an, eine eMail-Adresse zu
wählen, in dessen Domain der Name GMX nicht erscheint, sondern
beispielsweise Kombinationen aus Nachname und Wohnort (3) oder
eine Adresse mit der GMX Domain (4). (3) ist ausnahmlos kostenpflichtig. Manche Vorschläge aus (4) setzen einen upgrade (5) auf einen
ebenfalls kostenpflichtigen Tarif voraus. Nur der orange unterlegte Bereich in (4) ist kostenlos. Da dies nicht klar kommuniziert wird, führt
das zu grossen Verständnisproblemen. Nur die Teilnehmerin, die diese
Seite erwartet hat versteht die Darstellung: *"Ich vermute, wenn ich
mir eine eMail-Adresse [aus dem ersten Block] raussuche, kostet das
was [...] die mit dem upgrade kosten wohl auch was [...] ich denke,
dass die unteren nicht kostenpflichtig sind"*. Ein anderer Teilnehmer
hat größere Probleme: *"Oben steht mein Name dahinter, unten davor.
Ansonsten sehe ich keine Unterschiede"*. Der dritte merkt dazu an:
"Oben ist GMX dabei. Unten eine andere Domain. Würde ich jetzt
aber auch nicht nachschauen". Dieser Teilnehmer wählt eine Adresse
aus (4) aus, ohne auf (5) aufmerksam zu werden. Auf Nachfrage hin
bestätigt er, dass ihm (5) nicht aufgefallen ist. Nach Lesen des Kurz-
tipps (6) ist ihm die Funktion immer noch nicht klar und er klickt auf
'weiter'. Auf der Folgeseite wird ihm kommuniziert, dass dieser Dienst
Geld kostet (*"Ah. Wenn ich die Adresse haben will, muss ich bezahlen.
War vorher nicht klar"*). [Schwere: 2]
An dieser Stelle würde er den Browser Back Button nutzen, um wieder
auf (1) zurückzugelangen. [Schwere: 3]
Nach einem Hinweis findet er jedoch auf der Seite eine Möglichkeit
zurückzunavigieren und wählt eine andere Adresse aus. Dem zweiten
Teilnehmer, der an dieser Stelle ebenfalls Probleme hatte, ist (5) zwar
aufgefallen, aber als nicht wichtig eingestuft worden. Nach einem Hinweis auf den Hilfetext wurde der Person klar, dass die Adressen mit
(5) wohl kostenpflichtig sind. Ausserdem merkt er an: *"Sie hätten den
oberen Block [1] und den Block mit upgrade zu einem kostenpflichtigen Block zusammenpacken sollen"*. Dieser Teilnehmer ist ferner mit
den angebotenen Adressen nicht zufrieden und würde auf 'weitere Vorschläge' unter (3) klicken, obwohl diese kostenpflichtig sind oder 'weiter' wählen, denn *"Ich habe ja schon eine eMail-Adresse ausgewählt
[im letzten Schritt]. Die will ich behalten. Ich denke, dass das geht,*

weil nirgendwo steht, dass es nicht geht." Dieser Teilnehmer wird darauf aufmerksam gemacht, dass an der Stelle von (2) in einem großen roten Block steht, dass die gewählte Adresse schon vergeben ist. Er meint dazu: *"Das ist mir nicht aufgefallen und ich weiss auch nicht warum [es nicht geht]. Auf den roten Kasten habe ich nicht geachtet. Er ist ein bisschen klein. Die hätte das rot schriebe müssen, nicht rot umranden und weiter unten platzieren sollen."*. [Schwere: 1]

Allgemein wird bemängelt, dass die kostenpflichtigen nicht schärfer von den kostenlosen Angeboten getrennt sind: *"Ich finde das ein bisschen blöd. Vorher bin ich auf FreeMail gegangen und jetzt kommen viele Sachen, die wieder Geld kosten".* *"Es nervt, dass man nicht klar und vorher informiert wird was Geld kostet und was nicht. Statt upgrade sollten sie direkt schreiben: Zahlen".* [Schwere: 2]

5. *Screen 5: Schritt 4: Zusätzliche Angaben (Telefon, Handy)*

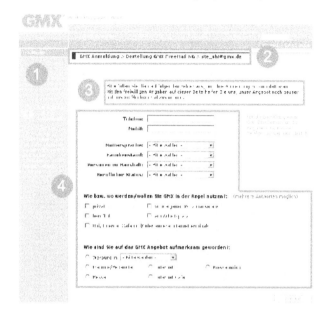

Abbildung 8: Zusätzliche Angaben

An dieser Stelle können die Teilnehmer zusätzliche persönliche Angaben machen. Dies ist allen klar. Für alle drei ist auch ersichtlich, dass es sich um freiwillige Angaben handelt: *"Kein Sternchen"*. *"Es steht im Text [3]"*, trotzdem stehen sie ihne kritisch gegenüber. Zwei Teilnehmer wollen die Seite gleich überspringen (*"Ich habe keine Lust was anzugeben [...], ich will einfach eine eMail-Adresse, alles andere interessiert mich nicht. Ich will GMX so wenig wie möglich über mich angeben."* *"Ich würde nichts angeben, wenn dann nur falsche Sachen."*) während der dritte zumindest folgendes anmerkt: *"Das brauchen die wohl, um Werbung zu machen. Telefonnummer würde ich nicht angeben, alles andere nach Lust und Laune, wahrscheinlich aber eher überspringen"*. [Schwere: 1]
Die Teilnehmer vermuten, dass die Anmeldung nun bald zu ende ist: *"Ich hoffe, dass ich bald fertig bin. Ich weiss, dass ich aber noch ein*

Passwort brauche, ohne das es ja nicht geht. Ich klicke und hoffe, dass es bald zu ende ist." "Das Kennwort fehlt noch. Dann bin ich fertig".
Ein dritter Teilnehmer hoffe zwar, dass *"es mal langsam fertig wird"*, befürchtet aber *"noch 100 Seiten mit irgendwelchen Fragen".*
Um auf eine vorangegangene Seite zu navigieren, würden alle Nutzer den Browser Back Button wählen. Ein Teilnehmer bewegt zwar den Cursor über den Pfad (2), stellt aber fest, dass dieser nicht klickbar ist. [Schwere: 2]

6. *Screen 6: Schritt 5: Account Erweiterungen (optional und kostenpflichtig)*

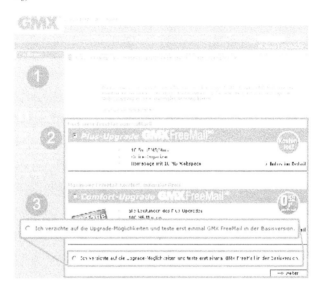

Abbildung 9: Account Erweiterungen

In diesem Schritt (1) kann man einen Tarifwechsel vollziehen. Zur Verfügung stehen drei Möglichkeiten (2): Das kostenlose Plus-Upgrade (ist vorausgewählt), das kostenpflichtige Comfort-Upgrade oder die Beibehaltung des ursprünglichen Tarifs (3). Dies ist nicht allen auf den ersten Blick klar: *"Das finde ich komisch jetzt. Account verstehe ich nicht."*. [Schwere: 2]

Von den Teilnehmern wird der Schritt als störend empfunden, weil (*"man sich vorher schon sehr oft entscheiden musste und jetzt kommen hier wieder drei Auswahlmöglichkeiten, obwohl ich meine Entscheidung schon längst getroffen habe."*). Ein anderer Teilnehmer merkt an: *"Ich hoffe, dass es bald vorbei ist. Bei Hotmail ging die Anmeldung wesentlich schneller"*. [Schwere: 2]

Zwei Teilnehmer nehmen in diesem Schritt nur zwei unterschiedliche Angebote war, (3) wird von ihnen übersehen. Beide würden die erste Option wählen (*"weil das schon angeklickt und kostenlos ist." "Ist ja kostenlos."*). [Schwere: 1]

31

Der dritte Teilnehmer würde gleich auf 'weiter' klicken (und damit
ebenfalls das erste Angebot wählen). Die Begrifflichkeiten, die unter den Angeboten aufgeführt sind führen zu Verständnisproblemen,
der 'Online-Organizer' wird beispielsweise für einen Ordner gehalten.
[Schwere: 1]
Zwei Teilnehmer versuchen, ein anderes Angebot zu wählen, indem
sie probieren, die vorausgewählte Option zu deaktivieren. Dies ist bei
Radio-Buttons jedoch nicht möglich.

7. *Screen 7: Schritt 6: Wahl eines Passworts*

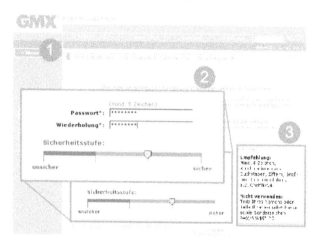

Abbildung 10: Wahl eines Passworts

Dieser Schritt (1) wird von allen Teilnehmern erwartet: *"Da bin ich endlich bei meinem Passwort"*. *"Hab das schon länger erwartet"*. Unter (2) können die Nutzer ihr Passwort eingeben. Der Zeiger im Sicherheitsdiagramm zeigt auf einer Skala an, wie sicher das gewählte Passwort ist. Diese Funktionalität wird von den drei Testpersonen verstanden: *"Wenn ich ein kompliziertes Passwort eingebe, geht der Zeiger wohl auf sicher"*. Der Kurztipp(3) , der Beispiele bereithält, wie ein Passwort bestimmt werden kann, fällt zwei Personen in diesem Schritt zum ersten Mal auf, obwohl er auf vorangegangenen Bildschirmen schön öfter durchgelesen wurde: *"Den gab es vorher nicht."* *"Er ist mir vorher nicht aufgefallen"*. Obwohl alle Teilnehmer die Sicherheitsskala richtig deuten und den Hilfetext lesen, hät sich nur ein Teilnehmer an die Vorgaben und kommt so zum nächsten Schritt. Die beiden anderen gelangen zu einem weiteren Schritt, der sie darüber informiert, dass das gewählte Passwort nicht sicher ist. Sie haben nun die Möglichkeit, Änderungen vorzunehmen oder das Passwort trotzdem zu verwenden. Beide empfinden dies als störend: *"Hab mir gedacht, dass das jetzt kommt, weil mein Passwort nur fünf Zeichen hat, aber eigtl. ist es unlogisch, da GMX ja schlecht beurteilen kann, welches Passwort gut und welches schlecht ist"*. *"Das finde ich komisch, denn vorher auf*

33

dem Balken war das Passwort noch sicher." [Schwere: 1]

8. *Screen 8: Schritt 7: Angaben bei Vergessen des Passworts*

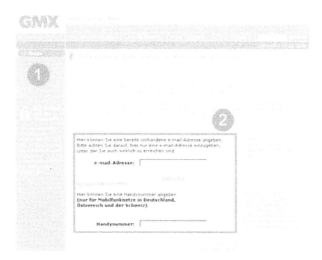

Abbildung 11: Angaben bei Vergessen des Passworts

Um zu vermeiden, dass man bei Verlust des Passwortes seinen GMX Account nicht mehr nutzen kann, hat man in diesem Schritt die Möglichkeit, eine bereits bestehende eMail-Adresse oder Handynummer anzugeben, an die in diesem Fall ein neuer Zugangscode geschickt wird. Den Testpersonen ist im ersten Moment nicht klar, ob die Angaben verpflichtend sind: *"Hört sich nach Pflicht an. Nein Moment, da steht 'Können"'*. *"Weiss ich erstmal nicht. Durch die Formulierung im einleitenden Text wird jedoch klar, dass es freiwillige Angaben sind"*. [Schwere: 1]
Dieser Schritt wird von den Testpersonen unterschiedlich beurteilt: *"Ist ganz sinnvoll, wenn man das Passwort vergessen hat." "Ich würde hier nichts angeben. Ich finde besonders die Handy Angabe unnötig. Wenn ich das Passwort vergesse, lege ich mir halt eine neue e-Mail Adresse an."* und auch nicht ganz verstanden (*"Die können ja nicht erwarten, dass ich schon eine e-Mail Adresse habe, wenn ich mich anmelde". "Ich nehme an, ich bekomme dann an die angegebene Adresse eine e-Mail geschickt, die ich dann dort gespeichert lasse. Auf diese Weise kann ich ein neues Passwort beantragen. Das macht aber auch keinen Sinn."*) [Schwere: 1]

Ein Teilnehmer gibt hier eine e-Mail Adresse ein und gelangt so zum nächsten Schritt. Eine weitere Testperson klickt auf 'weiter' ohne Angaben zu machen und gelangt auf eine Seite, die identisch aussieht und sie darüber informiert, dass sie ohne diese Angaben keine Möglichkeit hat ihr Passwort bei Verlust anzufordern. Den Teilnehmer iritiert diese Seite, da er annimmt, es sei genau die gleiche wie zuvor: *"Hab das nicht erwartet. Vorher waren das freiwillige Angaben und jetzt sind es auf einmal Pflichtangaben"*. Der Teilnehmer denkt sich eine Handynummer aus und trägt diese ein um zum nächsten Schritt zu gelangen. Die Probleme der dritten Person sind ähnlich. Sie macht in diesem Schritt keine Angaben und kommt ebenfalls auf diese Seite mit dem Warnhinweis. Auf dieser Seite gibt sie eine Fantasie e-Mail Adresse ein. Danach erscheint eine Seite, die sie darüber informiert, dass diese Adresse schon vergeben ist. Sie gibt nun eine andere Adresse ein, da *"Wenn ich nichts eingebe, geht es ja nicht. Eigentlich sollten es freiwillige Angaben sein."*. [Schwere: 2]

9. *Screen 9: Schritte 8 und 9: Zusätzliche Angaben*

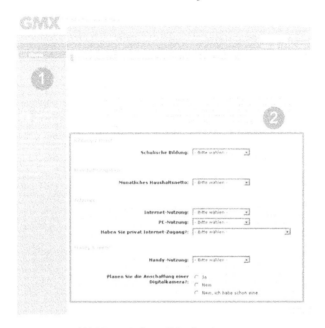

Abbildung 12: Zusätzliche Angaben

In den Schritten acht und neun (1) haben die Nutzer die Möglichkeit zusätzliche freiwillige Angaben zu machen, beispielsweise Hobbies anzugeben (2). Die Testteilnehmer sind verärgert über diesen Schritt (*"Was wollen die alles von mir wissen? Hoffentlich ist es bald zu ende"*). Von allen Teilnehmern wird erkannt, dass die Angaben optional sind. Während zwei Teilnehmer in beiden Schritten nichts angeben, würde die dritte Person zumindest im ersten Schritt ein paar Angaben machen, aber den zweiten dann auch überspringen (*"Die zweite Seite hätte ich jetzt nicht erwartet. Viel Arbeit, das alles auszufüllen. Ich will lieber bald zum Ende kommen."*) Eine Testperson vermutet, dass GMX diese Informationen nutzt, um die Seite entsprechend anzupassen oder um zu dem Thema Werbe e-Mails zu schicken. [Schwere: 1]

10. *Screen 10: Ende der Anmeldung*

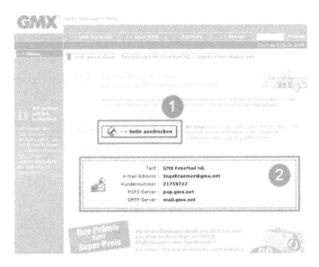

Abbildung 13: Ende der Anmeldung

Das Ende der Anmeldung wurde von allen Teilnehmern erwartet (*"Irgendann musste ja ja einmal kommen."*) Die Informationen werden zumindest überflogen. Die Angaben unter (2) werden von keinem verstanden: *"pop.gmx.net und mail.gmx.net verstehe ich nicht. Vielleicht sind das die e-Mail Adressen von vorhin, an die das Passwort geschickt wird, wenn man es vergessen hat."* Ein Teilnehmer würde sich an dieser Stelle die Daten auf einen Zettel schreiben. Ein anderer würde zumindest die Kundennummer abschreiben, die er aber eigtl. für unnötig hält, wie auch der dritte (*"Die braucht man ja nicht"*). Dieser würde sich alles nur merken (*"Diese Daten vergisst man ja eigt. nicht"*). Die Möglichkeit, die Angaben auszudrucken (1) wird trotz prominenter Platzierung übersehen: *"Auf der Seite sieht soviel aus wie Werbung. Deswegen habe ich da gar nicht draufgeschaut."* [Schwere: 1]

3.5.2 Task 2: Auf GMX einloggen

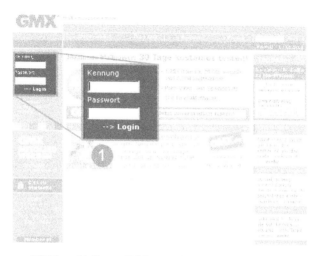

Abbildung 14: Screen 10:Schritt 9: Zusätzliche Angaben

Alle Teilnehmer geben an dieser Stelle ihre e-Mail Adresse und ihr Passwort ein (1). Auf Nachfrage sind sie irritiert darüber, dass über dem ersten Textfeld 'Kennung' steht: "*Eigtl. sollte da e-Mail Adresse stehen.*" Eine Testperson vermutet, dass sie sich schon einmal mit ihrem Namen und dem Passwort angemeldet hat. [Schwere: 1]

3.5.3 Task 3: Neue e-Mails lesen

1. *Screen 1: Übersichtsseite*

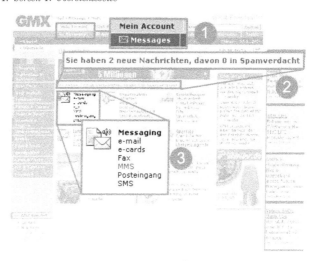

Abbildung 15: Übersichtsseite nach Einloggen

Nach dem (erstmaligen) Einloggen erscheint die Übersichtsseite. Der Testteilnehmer, der zuvor noch keinen GMX Account hatte fällt es schwer diese Seite einzuordnen: *"Das ist die Startseite, wo meine Mails sind. Ah nein, doch nicht. Da oben ist ein Button 'Mein Account'[1]. Da muss ich wohl draufklicken. Dies ist wohl nur eine Übersichtsseite mit vielen Sachen, die ich überhaupt nicht brauche."*. Nach einer Weile entdeckt er außerdem 'Messages' (1) und 'Messaging' (3). Die Navigation in der Mitte wurde zu Beginn komplett übersehen. [Schwere: 2] Er sieht nicht, dass er schon Mails bekommen hat (2), äußert aber folgende Meinung: *"Auf jeden Fall sollte diese Information auf der Startseite stehen. Am liebsten bin ich direkt im Posteigang".* Um das zu überprüfen würde er nun auf Posteingang klicken (3). [Schwere: 2] Der zweite Teilnehmer wählt immer 'Messages' aus (1), weil *"ich das so gelernt habe".* Er findet, dass der Link viel zu klein dargestellt wird. Außerdem bemängelt sie, dass die Information über neue Nachrichten ebenfalls zu klein geraten ist. Der dritte Teilnehmer meint dazu: *"Am Anfang habe ich es nicht gesehen. Aber wenn man es weiss schaut man gleich hin. ich finde, es ist gut platziert."* Dieser Teilnehmer klickt ebenfalls auf 'Posteingang' unter 'Messaging'. [Schwere: 1]

2. *Screen 2: Übersicht Nachrichten*

Abbildung 16: Übersicht Nachrichten

Der Teilnehmer, der auf 'Messages' in der oberen Navigationsleiste geklickt hat bekommt diesen Bildschirm abgezeigt. Die Bedeutung der Farben (1), die den Status der e-Mails beschreiben wird nicht verstanden: *"Schwarz heisst wohl: Die sind da, grün: Die sind neu, rot: Weiss ich nicht".*

3. *Screen 3: Posteingang*

Abbildung 17: Posteingang

Dieser Screen wird von allen Teilnehmern erwartet. Eine Testperson merkt an dieser Stelle jedoch an: *"Wenn mehrere neue eMails eintreffen sind manche auf der nächsten Seite, ohne dass man das merkt. Außerdem sind die neuen nicht immer am Anfang sondern auch manchmal mittendrin. Und wenn man eine geöffnet hat und wieder zurückgeht, sind alle anderen als gelesen markiert und man weiss nicht mehr, welche noch nicht gelesen wurden. Das stört ziemlich."* [Schwere: 1] Alle Teilnehmer klicken auf die Mail, um zur Detailansicht zu gelangen.

4. *Screen 4: e-Mail-Detailansicht*

Abbildung 18: Mail-Detailansicht

Alle drei Teilehmer haben diese Seite erwartet und auch richtig gedeutet. (3) wird von allen gleich gefunden und richtig interpretiert. Den Absender dem Adressbuch hinzuzufügen stellt für keine Testperson ein Problem dar (2). Die drei Icons (3) werden ebenfalls verstanden. Trotzdem würden die meisten Personen zum Drucken die Browser-Funktion nutzen.

3.5.4 Task 4: Eine e-Mail schreiben und verschicken

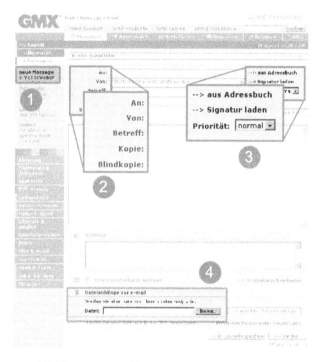

Abbildung 19: Eine e-Mail schreiben und verschicken

Der Link zum Schreiben einer e-Mail wird erst nach längerem Suchen gefunden (1). Auch die beiden GMX Nutzer gaben an, am Anfang Probleme gehabt zu haben, den Button zu finden. [Schwere: 2]
Die Begriffe 'An', 'Von' und 'Betreff' werden verstanden (2). Probleme gibt es jedoch bei 'Signatur laden' (3), 'Priorität' (*"Vielleicht wie bei der Post: Das geht dann schneller, aber das kann ja eigt. nicht sein."*), 'Kopie' und 'Blindkopie'. [Schwere: 1]
Weiterhin gab es Schwierigkeiten bei dem Verschicken eines Anhangs. Alle Teilnehmer suchten nach der Funktionalität zuerst im oberen Bereich der Seite. Zwei der Personen wurden schliesslich am Seitenende fündig (4),

während ein anderer die Funktion überhaupt nicht findet, da er sich nur im oberen Bereich bewegt. Er überlegt, ob sich das Beifügen eines Anhangs hinter 'Signatur laden' verbirgt. Ein anderer Teilnehmer versteht diesen Begriff ebenfalls falsch: *"Könnte sein, dass dann beim Empfänger eine andere Absenderadresse steht"*.

3.6 Nutzerzufriedenheit nach dem Test

Der Fragebogen am Ende des Tests brachte folgendes Ergebnis:

		1	2	3	4	5	6	7	
Ich finde mich auf GMX gut zurecht	Stimme zu				X	X	X		Stimme nicht zu
Ich war mit den Funktionen gleich vertraut	Stimme zu		X,X	X					Stimme nicht zu
GMX funktionierte so wie ich das erwartet habe	Stimme zu		X			X	X		Stimme nicht zu
GMX stellt alle Funktionalitäten zur Verfügung, die ich erwartet habe	Stimme zu						X,X	X	Stimme nicht zu
Mit Hilfe dieser Webseite kann ich mein Ziel erreichen	Stimme zu						X	X,X	Stimme nicht zu
Es hat mir Spass gemacht, GMX zu bedienen	Stimme zu			X,X,X					Stimme nicht zu
Die Seite wirkte auf mich wie aus "einem Guss"	Stimme zu		X	X		X			Stimme nicht zu

Der Ergebnisse zu diesen Fragestellungen sind positiv zu bewerten. Alle Teilnehmer sind die Meinung mit GMX ihr Ziel erreichen zu können. Ferner sind sie der Meinung, dass Ihnen GMX die gewünschten Funktionalitäten bereitstellt. Diese beiden Gesichtspunkte sich sehr hoch einzuschätzen. Negativ fällt auf, dass die Funktionen als solche anscheinend erkannt werden, es jedoch Schwierigkeiten bereitet, ihre Aufgabe gleich zu erkennen. Ferner wird der "Joy of use" bzw. die Konsistenz der Seite bemängelt.

4 Ausblick

Zusammenfassend ist festzustellen, dass einige Findings schwerer wiegen als andere. Ferner gibt es solche - ob schwerwiegend oder geringfügig - die einfach behoben werden können, wie beispielsweise die Umbenennung von Links und andere die mehr Aufwand erfordern wie die Verbesserung der Informationsarchitektur. Im Folgenden sind die Probleme aufgeführt, die es als dringlichstes zu beheben gilt.

Wichtig bei einem Relaunch wäre es, das Wesentliche prominter zu platzieren und dafür nicht so häufig genutzten Funktionen weniger Platz einzuräumen. An dieser Stelle sei vor allem die e-Mail Navigation erwähnt bzw. die Anzeige von neuen Nachrichten.

Insgesamt gesehen sollten das Layout Raster konsistenter gestaltet und die Inhalte reduziert werden. Das würde dazu führen, dass die Seite übersichtlicher wird, was positive Auswirkungen auf die Orientierung hat. Vieles, was die Nutzer in der ersten Vermutung als Werbung identifiziert haben - auch wenn es keine war - würde auf diese Weise auch mehr zur Geltung kommen.

Elementar ist auch, dass der Browser-Back Button während der Anmeldung verfügbar gemacht werden muss. Die Browser-Navigation ist diejenige die mehrheitlich zum Vor- und Zurücknavigieren genutzt wird. Wenn dies nicht geschieht, werden in Zukunft noch viele Nutzer an der Anmeldung scheitern und sich aus Frustration bei einem anderen Anbieter registrieren.

Sinnvoll erscheint es ebenfalls, bei manchen Buttons bzw. Links ein eindeutigeres Wording zu wählen. Dies macht nicht viel Aufwand und kann somit die Usability mit geringen Mitteln in erheblichem Maße steigern.

Am Ende bleibt anzumerken, dass die Anmeldeprozess dringend verkürzt werden sollte. Die Dauer von einer halben Stunden erscheint allen Teilnehmern viel zu lang.

Literatur

[AP03]   Emile Morse Avi Parush.   Industry usability reporting and the common industry format (ansi-ncits 354-2001). *http://www.usabilityprofessionals.org/*, 2003.

[Gmb04] GMX GmbH. Gmx - daten und fakten. *http://www.gmx.de*, 2004.

[JP02]   Helen Sharp Jennifer Preece, Yvonne Rogers. *Interaction Design - beyond human-computer interaction*. John Whiley Sons, New York, 2002.

[Mor02] Emile   Morse.   Industry   usability   reporting. *http://zing.ncsl.nist.gov/iusr/*, 2002.

[Nie93] Jakob Nielsen. *Usability Engineering*. Morgan Kaufmann Publishers, San Fransisco, 1993.

[Nie00] Jakob Nielsen. Why you only need to test with 5 users. *http://www.useit.com/alertbox/20000319.html*, 2000.

[Nor88] Donald Norman. *The Design of everyday things*. Currency Doubleday, New York, 1988.

[Red02] Volker Redder. Medienergonomische gestaltung von online-informationssystemen. 2002.

[Rub94] Jeffrey Rubin. *Handbook of Usability Testing*. John Wiley Sons, New York, 1994.

[SH03]   Petra Vogt Sven Heinsen. *Usability praktisch umsetzen*. Carl Hanser Verlag, München, 2003.

[TJ03]   Juha Matero Minna Karukka Timo Jokela, Netta Iivari. The standard of user-centered design and the standard definition of usability: analyzing iso 13407 against iso 9241-11. *Proceedings of the SIGCHI conference on Human factors in computing systems*, 2003.

[Wod02] Christian Wodtke. *Information Architecture - Blueprints for the Web*. New Riders Publishing, Indianapolis, 2002.

5 Anhang

5.1 Interviewfragen

- Screen 1

  1. Haben Sie das erwartet?
  2. Wie ist Ihr Gesamteindruck, mit welchen Adjektiven würden Sie das was Sie sehen beschreiben?
  3. Finden Sie die Informationen übersichtlich aufgeteilt?
  4. Ist Ihnen alles von der Bedeutung her klar?
  5. Diese Informationen in der Mitte, gehört die für Sie zur Seite oder zu etwas anderem? Was glauben Sie, was passiert, wenn man darauf klickt?
  6. Die Informationen rechts: was ist das für Sie? Was glauben Sie was passiert, wenn man darauf klickt?
  7. Was würden sie tun, um ein kostenloses, einfaches gmx Konto anzulegen?
  8. Finden Sie das gleich ersichtlich?
  9. Sehen Sie noch andere Möglichkeiten?
  10. Finden Sie das eindeutig als Link erkennbar?
  11. Was vermuten Sie dahinter?

- Screen 2

  1. Haben Sie das erwartet?
  2. Sind die Informationen für Sie verständlich?
  3. Was würden Sie jetzt tun?
  4. Ist klar wie es weitergeht? Wo muss man klicken?
  5. Siehen Sie noch eine andere Möglichkeit?
  6. Finden Sie die Anordnung, dasVorgehen übersichtlich?

- Screen 3

  1. Sind die Informationen verständlich?
  2. Ist klar was zu tun ist?
  3. Finden Sie die rämlich Aufteilung übersichtlich, sinnvoll?
  4. Fehlen Ihnen an dieser Stelle Informationen?
  5. Ist klar, in welchem Schritt Sie sich befinden? Was liwgt noch vor Ihnen?
  6. Was würden Sie machen, wenn Sie zurück wollen? Siehen Sie noch eine andere Möglichkeit?

- Screen 4

  1. Sind die Informationen klar?
  2. Finden Sie sie sinnvoll?
  3. Ist der Unterschied zwischen den beiden Blöcken an Vorschlägen klar?
  4. Ist klar, was zu tun ist?

- Screen 5

  1. Ist klar was zu tun ist?
  2. Sind die Angaben Ihrer Meinung nach Pflichtangaben oder freiwillige Angaben? Warum?
  3. Finden Sie es sinnvoll, die Angaben zu machen?
  4. Finden Sie die Aufteilung übersichtlich?
  5. Ist Ihnen klar, in welchem Schritt Sie sich befinden? Was liegt noch vor ihnen?
  6. Stört Sie das Scrollen?

- Screen 6

  1. Ist klar was zu tun ist?
  2. Finden sie die Angaben sinnvoll?
  3. Wie viele unterschiedliche Angebote siehen Sie?
  4. Ist klar, wo die Unterschiede liegen?
  5. Welches Angebot würden Sie wählen?
  6. Finden Sie die Informationen übersichtlich angeordnet?
  7. Was würden Sie machen, wenn Sie Angaben rückgängig machen wollten? Sehen Sie noch andere Möglichkeiten?
  8. Ist klar, in welchem Schritt Sie sich befinden?
  9. Ist klar, wie es weitergeht?

- Screen 7

  1. Ist klar was zu tun ist?
  2. Finden Sie die Informationen übersichtlich angeordnet?
  3. Was würden Sie machen, wenn Sie Angaben rückgängig machen wollten? Sehen Sie noch andere Möglichkeiten?
  4. Fällt der Pfad auf? Würden Sie ihn nutzen? Warum?
  5. Wie finden Sie allgemein die Lesbarkeit? Gut verständlich? Schrift gut lesbar?

6. Ist klar, in welchem Schritt Sie sich befindest?

- Screen 8a: optional, wenn Passwort nicht sicher

    1. Wissen Sie warum Sie hier gelandet sind? Haben Sie damit gerechnet?
    2. Ist die Information hilfreich?
    3. Wie kommen Sie zurück ?
    4. Siehen Sie noch eine andere Möglichkeit?

- Screen 8b

    1. Ist klar was zu tun ist?
    2. Halten Sie die Angaben notwendig?
    3. Sind die Angaben ihrer Meinung nach verplichtend?

- Screen 9

    1. Sind die Angaben verplichtend?
    2. Halten Sie sie für notwendig?
    3. Ist klar, in welchem Schritt Sie sich befinden?

- Screen 10

    1. Sind die Angaben verplichtend?
    2. Halten Sie sie für notwendig?
    3. Ist klar, in welchem Schritt Sie sich befinden?

- Screen 11

    1. Ist klar, in welchem Schritt Sie sich befinden?
    2. Sind die Informationen übersichtlich angeordnet?

Wie fanden Sie allgemein den Anmeldeprozess? Gut gegliedert, die richtige Länge?

- Screen 12

    1. Was sehen Sie vor sich?
    2. Haben sie das erwartet?
    3. Ist die Seite übersichtlich? Warum?
    4. Wo ist für Sie die Navigation, die Sie mit Mailen verbinden? Sehen Sie das gleich, finden Sie das gut angeordnet? Sehen Sie noch andere Möglichkeiten?

5. Ist die Navigation oben für Sie die selbe wie die in der Mitte? Welche würden Sie bevorzugen?

6. Haben Sie schon neue Nachrichten? Wo würden Sie schauen? Wie viele neue Nachrichten haben Sie? Finden Sie das gleich ersichtlich? Warum? Hätten Sie auch auf die Mitte geklickt? Gleich als Link identifiziert?

7. Sie möchten diese zwei Nachrichten anschauen, wo klicken Sie hin?

8. Sehen Sie noch eine andere Möglichkeit?

9. Ist der Inhalt klar von Navigation unterscheidbar? Gute Trennung?

10. Was ist für Sie die restliche Navigation? Links erkennbar?

11. Wo gelangt man dadurch hin? Bleibt man auf gmx oder nicht? Rechte Teaser? Wo kommt man hin? Teaser in Mitte?

12. Ist alles verständlich? Mediacenter, Organizer? Spamverdacht?

13. Wie findest sie allgemein allgemein Organisation, Übersichtlichkeit, Schriftgröße?

- Screen 13: optional

1. Haben Sie das erwartet, nachdem Sie geklickt haben?

2. Ist das für Sie übersichtlich?

3. Wo würden Sie klicken, um eine neue Mail zu schreiben? Warum? Gleich ersichtlich?

4. Was bedeuten die unterschiedlichen Farben?

- Screen 14

1. Haben Sie das erwartet, nachdem Sie geklickt haben?

2. Ist das für Sie übersichtlich?

3. Wie würden Sie zurückgehen?

- Screen 15

1. Haben Sie das erwartet, nachdem Sie geklickt haben?

2. Mail drucken, wie?

3. Antworten, wo?

4. Absender ins Adressbuch, wie?

5. Alles verständlich?

6. 3 Icons klar?

- Screen 16

  1. Mail schreiben, wo? Warum?
  2. Sehen Sie eine andere Möglichkeit?

- Screen 17

  1. Haben Sie das erwartet?
  2. Finden Sie das übersichtlich?
  3. Adresse aus Adressbuch, wie?
  4. Verstehen Sie alles: Signatur, Priorität?
  5. Wie senden, andere Möglichkeit?
  6. Wo befinden Sie sich innerhalb der Seite? Wodurch wird dies klar? Wird deutlich wie man wieder zum Ausgangspunkt zurückkehren kann?

  1. Wie finden Sie allgemein das Design? Logo, Aufbau? Farbgebung?
  2. Haben Sie sich Mailen so vorgestellt?
  3. Finden Sie es schwierig?

5.2 Fragenbogen

			1	2	3	4	5	6	7		Begründung
1	Ich finde mich auf der GMX Webseite gut zurecht	Stimme zu								Stimme nicht zu	
2	Ich war mit den Funktionen gleich vertraut	Stimme zu								Stimme nicht zu	
3	Mir war sofort klar, was ich wo zu tun habe	Stimme zu								Stimme nicht zu	
4	Die Webseite ist leicht zu bedienen.	Stimme zu								Stimme nicht zu	
5	Die Funktionalitäten der Navigationselemente sind klar erkennbar	Stimme zu								Stimme nicht zu	
6	Die Webseite funktionierte so, wie ich das erwartet habe	Stimme zu								Stimme nicht zu	
7	GMX stellt alle Funktionen zur Verfügung, die ich erwartet habe	Stimme zu								Stimme nicht zu	
8	Das grafische Design der Anwendung ist ansprechend	Stimme zu								Stimme nicht zu	

			1	2	3	4	5	6	7		Begründung
9	Mit Hilfe dieser Webseite kann ich mein Ziel erreichen	Stimme zu								Stimme nicht zu	
10	Die Informationen auf den Seiten sind übersichtlich organisiert	Stimme zu								Stimme nicht zu	
11	Die benutzte Sprache war sehr verständlich für mich	Stimme zu								Stimme nicht zu	
12	Es hat mir Spaß gemacht, die Webseite zu bedienen	Stimme zu								Stimme nicht zu	
13	Es fiel mir leicht durch die Webseite zu navigieren	Stimme zu								Stimme nicht zu	
14	Ich konnte die Funktionalitäten und Aufgaben der verschiedenen Buttons und Icons leicht verstehen.	Stimme zu								Stimme nicht zu	
15	Die Hilfetexte waren sehr verständlich	Stimme zu								Stimme nicht zu	
16	Die Seiten wirkten auf mich "wie aus einem Guß"	Stimme zu								Stimme nicht zu	
17	Die verwendeten Begriffe waren mir vertraut	Stimme zu								Stimme nicht zu	

www.ingramcontent.com/pod-product-compliance
Lightning Source LLC
LaVergne TN
LVHW092354060326
832902LV00008B/1028